„Ob eine Sache gelingt,
erfährst du nicht, wenn du
darüber nachdenkst,
sondern wenn du es
ausprobierst."

- Werner Bethmann -

FSC
www.fsc.org
MIX
Papier aus verantwortungsvollen Quellen
Paper from responsible sources
FSC® C105338

E-Mail: info@mw-team.de

Cover/Bilder:
Florian Herzog, www.dbranding.de

Herstellung und Verlag:
BoD - Books on Demand, Norderstedt

ISBN 978-3-8482238-7-9

new generation

Miriam Wahsner
Mario Hoppe

Inhalt

kick off

Oftmals kommen Menschen an einen Punkt im Leben, an dem sie beginnen, sich Fragen zu stellen. Die häufigste Frage ist „Warum?“.

Schicksalsschläge, Unzufriedenheit oder andere einschneidende Lebensereignisse lassen die Menschen ins Nachdenken kommen. Wer mit offenen Augen durchs Leben geht, hat vielleicht schon feststellen können, dass hier oft die Schuld an der eigenen Situation anderen Ereignissen oder Personen gegeben wird. Sie fordern daher von anderen, etwas zu tun, um für sich eine positive Wendung herbei zu führen.

Der geringere Teil beginnt jedoch nach Lösungen zu suchen. Lösungen, mit denen sie ihr Leben wieder selbst in die Hand nehmen, um sich dorthin zu bringen, wo sie gerne sein möchten. Aus der Not heraus tun sie plötzlich Dinge, die sie zuvor noch nie getan haben.

Wie wäre es, erst gar nicht in eine solche Situation zu kommen?
In der Schule werden einem viele grundlegende Dinge vermittelt. Man lernt zu schreiben und zu rechnen, bekommt einen

kleinen Einblick in die Weltgeschichte und wird auf das spätere Berufsleben vorbereitet. Es wird einem beigebracht, wie man sich später als Arbeitnehmer oder Selbstständiger zu verhalten hat.

Wir werden erzogen, das zu werden, was wir später sind. Auf Facebook „liken“ wir Sprüche wie „Träume nicht dein Leben, sondern LEBE deinen Traum!“.

Als Kind hatten wir viele Träume, die sich im Laufe der Zeit in Wohlgefallen aufgelöst haben. Wir wurden durch unser Umfeld umprogrammiert und haben aufgehört, an unseren Wünschen festzuhalten und unsere Träume mit Leben zu füllen. Wir wurden auf diese Art und Weise in der Gesellschaft platziert. Wir lernten Berufe und wechselten später sogar ins Beamtentum. Eines Tages lernten wir jedoch die Dinge anders zu sehen, lernten Empfehlungsmarketing kennen und lieben. Für uns ist es der absolute Traumjob geworden. Wir haben viel Spaß, arbeiten mit Freunden und verdienen miteinander Geld.

Andere Menschen zu unterstützen, rückte immer mehr in unseren Fokus. So lernten wir durch unsere Tätigkeit ein junges Pärchen kennen, das diese Möglichkeit ebenso erkannt hat. Wir konnten schnell feststellen, wie viel Potential in der heutigen Jugend steckt.

Unsere Herausforderung lag nun darin, die beiden an die Hand zu nehmen und zu unterstützen. Hier mussten wir schnell feststellen, dass es zwar viel Infomaterial über diese Branche gibt, dieses jedoch für die jüngere Generation weniger ansprechend ist. Unser Dank geht an Gisele und Phil, die uns zu diesem Buch inspiriert haben.

Dieses Buch soll jungen Leuten eine außergewöhnliche Möglichkeit aufzeigen, ihr Leben selbst zu gestalten und unternehmerisches Denken zu wecken und zu fördern.

get inspired!

a typical education

Wir möchten zu Beginn ein paar grundlegende Dinge unter die Lupe nehmen. Es gibt Menschen, die verdienen wenig, und es gibt Leute, die vor Geld „stinken“.

„Geld stinkt“, „Geld verdirbt den Charakter“, „Geld kriegt man nicht geschenkt“, „für Geld muss man hart arbeiten“ usw.

Diese und andere Aussagen sind Dir sicherlich geläufig. Sind es Tatsachen oder handelt es sich hier lediglich um eine Erfolgsbremse, die sich in Deinen Kopf gebrannt hat?

Geld ist mit Sicherheit nicht das Wichtigste im Leben, aber es erleichtert vieles. Geld verändert Dich nicht, es prägt Dich. Es geht nicht darum, wie andere Dich gern hätten, sondern was Du aus Deinem Leben machen möchtest.

enjoy it!

great opportunity?

Wie wäre es, wenn Du Dir neben Schule, Berufsausbildung oder Studium ein Zusatzeinkommen aufbauen könntest? Welche Möglichkeiten und Chancen würden sich Dir dadurch bieten? Möchtest Du im Ausland studieren oder hast Du den Traum vom eigenen Geschäft?

Zum Beispiel das eigene Nagelstudio, der Klamottenladen, Eventmanagement, ein Tanzstudio, studieren in den USA oder die Welt bereisen...
(Du kannst dieses Konzept übrigens in fast allen Ländern der Welt nutzen.)

Solche Träume werden sehr oft durch die eigenen Ängste verworfen. Lieber zieht man es vor, einen soliden Beruf zu erlernen, um sein weiteres Arbeitsleben im Angestelltenverhältnis zu verbringen.

Was wäre, wenn Du sämtliche Betriebskosten/Unterhalt (Strom, Wasser, Raummiete, usw.) bereits durch ein Zweiteinkommen gedeckt hättest?

Würdest Du noch darüber nachdenken, etwas Eigenes zu starten?

Stell Dir vor, Dein Auto inkl. Versicherung wäre finanziert, Benzin immer vorhanden, Telefonkosten gedeckt. Was würdest Du dann tun?

Würdest Du dann Deinen Traum leben oder weiterhin diesen Spruch auf Facebook „liken“?

"Wenn du davon träumen kannst,
dann kannst du es auch erreichen."

- Walt Disney -

cooles business

„Dieses Konzept ist echt ´ne große Nummer“ sagte vor kurzem eine Jungunternehmerin aus Berlin. Sie ist 18 und sieht in diesem Geschäft ihre große Zukunft.

Im Grunde gibt es dieses Konzept schon seit über 50 Jahren. Aber auch ähnliche Formen sind im wahrsten Sinne des Wortes in aller Munde.
Ja genau, hier ist die ein oder andere bekannte Fastfood-Kette gemeint. Ein gebräuchlicher Oberbegriff lautet Franchise.
Ein Erfolgskonzept - einmal entwickelt und dann vervielfältigt. Ist doch eigentlich easy.
Es heißt ja auch „never change a winning horse“.
Das Prinzip bei diesem Konzept ist das gleiche. Lediglich die Investitionskosten laufen gegen Null.
Während Franchisegeber oftmals Lizenzgebühren bis in die Millionenhöhe verlangen, heißt es hier „Franchise for less“.

Das heißt no risk, no storage, no hidden costs!

Es ist einfach ein cooles Business und ´ne große Nummer.

Das Geniale an diesem Konzept ist nicht nur die Leichtigkeit, mit der man sich etwas aufbauen kann, sondern auch die Art des Einkommens, die dadurch entsteht.

Bei dieser Art des Einkommens kannst Du, nachdem Du einen gewissen Grundstein gelegt hast, selbst dann noch Geld bekommen, wenn du grad mal nicht arbeiten kannst oder willst.

Stell Dir vor, Du schreibst einen Song. Wenn dieser Song auf den Markt kommt, verdienst Du immer wieder mit. Im Vergleich zu herkömmlichen Jobs kannst Du auch hier nach Jahren noch Geld bekommen.

Das Schöne ist, Du arbeitest dort, wo Deine Freunde sind, auf Partys, in Clubs, im Internet oder auf Facebook.

Durch dieses Einkommen kannst Du Dich vor Prüfungen ohne Bedenken Deinem Studium widmen oder mal mit Freunden um die Häuser ziehen, während andere in der Kneipe schuften oder Regale einräumen.

Du hast Deinen cashflow!

how it works

Gabi Steiner stellt das Prinzip in ihrem Buch „Von Mensch zu Mensch“ folgendermaßen dar:

„Stelle Dir mal in einer Straße drei Tankstellen vor. Die eine ist „Asso“, die zweite „Eral“ und die dritte eine ganz spezielle. Diese dritte Tankstelle hat kein Gebäude, da steht nur so ´ne Zapfsäule rum und wenn’s regnet, wirst Du nass. Da ist auch kein Angestellter, der Dich bedient, du musst selbst zapfen. Aber es gibt eine Möglichkeit, die einzigartig ist:

Das Geld, das an Personalkosten, Service und Miete oder Pacht eingespart wird (und das ist ´ne ganze Menge), wird an die Personen, die diese spezielle Tankstelle empfehlen, ausgeschüttet.

Wenn Du nämlich an dieser Tankstelle für 100 Euro tankst, dann bekommst Du für jeden, dem Du das erzählst, und der daraufhin dort tankt, und auch von dem, der wiederum auf dessen Empfehlung tankt usw. einen gewissen Betrag am Monatsende zurückerstattet.
Sagen wir einmal, das wären in unserem Beispiel jedes Mal 10 Euro pro Empfehlung.

Das heißt, wenn Du im ersten Monat tankst und Deiner Freundin Anne von dieser speziellen Tankstelle erzählst und sie auch dort tankt, würdest Du 10 Euro zurückbekommen.
Im zweiten Monat würdest Du zum Beispiel auch Deinem Vater Achim von der Tankstelle erzählen. Und Anne erzählt es ihrem Bruder Bernd. Jetzt tanken drei Personen aufgrund Deiner Empfehlung (Anne, Achim und Bernd). Das bedeutet nun 30 Euro zurück!

Nun frage ich Dich:
„Würdest Du an dieser Tankstelle tanken?"
„Kannst Du Dir vorstellen jeden Monat einer Person diese Tankstelle zu empfehlen?"

Aber rechnen wir weiter:
Im zweiten Monat tanken einschließlich mir vier Personen. Und ich zahle, wie jeder, meine 100 Euro für den Sprit und bekomme aber 30 Euro zurück (3 Personen à 10 Euro). Wenn jeder einen weiteren „Tanker" pro Monat empfiehlt, und der oder die tankt, sind es im dritten Monat 8 Tankende, im vierten Monat 16... das ist übrigens der Moment, wo der eigene Sprit bezahlt wäre und es bleibt noch etwas übrig! Im fünften Monat sind es 32, im sechsten Monat 64, im siebten Monat 128, im achten Monat 256, im neunten Monat 512, im zehnten Monat

1.024, im elften Monat 2.048 und im zwölften Monat sage und schreibe 4.096 Personen, die tanken.

4.096 Personen, die tanken, obwohl ich selbst nur wie vielen Personen die Tankstelle persönlich empfohlen habe?

Richtig! Nur 12 Personen!“

Das ist die Macht der Duplikation.

Nun habe ich ein paar Fragen an Dich:

- Bekommen wir das Geld dafür, dass wir Sprit verkaufen?
- Wie würdest Du Deinem Freund von dieser Gelegenheit erzählen?
- Würdest Du die Spritqualität hervorheben?
- Kämst Du auf die Idee zu sagen: „Dafür habe ich keine Zeit!“?

Du hast sicher gemerkt, dass es hier zwei Haken gibt:

Haken 1: Man kann nicht 12 x 10% ausbezahlen. Logisch! Bei den meisten Unternehmen ist es so, dass insgesamt an die 60 Prozent ausgezahlt werden.

Haken 2: Es geht nicht mit Sprit!

Egal – Du hast das System oder die Idee sicher verstanden!

So entsteht ein Netzwerk. Diese seit vielen Jahren bekannte Vertriebsform wird deshalb auch Networkmarketing genannt.

Durch diesen genialen Switch kannst Du dafür sorgen, dass Du und Deine Freunde immer einen vollen Tank haben. Du brauchst Dir also nicht überlegen, ob Du so weit zur Party fahren kannst, obwohl die Spritpreise explodieren oder ob diesen Monat noch ein paar High Heels drin sind.

Was würdest Du mit 300 Euro monatlich regelmäßigem cashflow tun?

Es ist nicht ungewöhnlich, dass in den ersten Monaten der Scheck etwas gering erscheint.

Man verdient vielleicht 12 Euro oder 25 Euro. Ein Betrag, der auf den ersten Blick vielleicht lächerlich erscheint.
Es steckt aber viel mehr dahinter und wird daher oft unterschätzt.

Nehmen wir mal 50 Euro. Wie viel Geld müsstest Du auf die Bank bringen, um monatlich ´nen Fuffi zu cashen?

Im Jahr wären es 600 Euro an benötigten Zinserträgen. Gute Tagesgeldkonten haben derzeit einen Zinssatz von ca. 2,5%. Das bedeutet, Du müsstest etwa 24.000 Euro einbezahlen.

Selbst wenn Du eine Sparmöglichkeit findest, die Dir unglaubliche 10% verspricht, müsstest Du dort erst mal 6.000 Flocken einzahlen.

Erfolg über Nacht?

Hier geben wir Dir ein klares NEIN!!!
Mit diesem Konzept wirst Du wahrscheinlich kein schnelles Geld machen können. Schnell verdientes Geld kann auch schnell wieder weg sein. Ausnahmen bestätigen die Regel.

Vielmehr ist dieses Konzept auf Dauerhaftigkeit und Leistung ausgerichtet. Die erste Zeit wird man damit verbringen, sich ein solides Fundament zu schaffen. Sei Dir jederzeit im Klaren, was Du erreichen willst.

In diesem Business brauchst Du Geduld, wirst dafür aber reichlich belohnt werden.

„Nicht fürs Anfangen bekommt man den Lohn, sondern fürs Durchhalten."

Ob Du Dir 300 Euro im Monat verdienen willst oder größere Ziele hast, die Arbeit ist immer die gleiche. Nur die Häufigkeit bestimmt Dein Einkommen.

Im Empfehlungsmarketing kannst Du Dir die Frage stellen: Möchte ich bis zur Rente für die Ziele anderer arbeiten, oder Gas geben, um mir innerhalb von ein paar Jahren ein attraktives Neben-, Haupteinkommen aufzubauen?

Klar dauert es beim einen länger und beim anderen geht's schneller.
Aber es funktioniert, das ist save.

Es kommt allein auf Dich an!

„Der Langsamste, der sein Ziel nicht aus den Augen verliert, geht noch geschwinder als jener, der ohne Ziel umherirrt."

- Lessing -

Sicher kennst Du die Geschichte mit dem Schachbrett. Man legt auf das erste Feld ein Reiskorn, auf das zweite Feld zwei, ins dritte Feld vier usw. Bei jedem Feld wird die Anzahl der Reiskörner verdoppelt.

Stell Dir vor, Du hättest die Wahl Deine Schule durchziehen, ´ne reguläre Ausbildung zu absolvieren und danach im Berufsleben durchzustarten. Wenn es gut läuft, wirst Du als Arbeitnehmer oder Angestellter eine Stelle bekommen, in der Du zwischen 2.000 Euro und 4.000 Euro verdienst. Du musst dafür immer am Ball bleiben und gegen Mitbewerber antreten. Vielleicht schließt Du auch ein gutes Studium ab und erkämpfst dir einen Führungsposten. Du verdienst vielleicht 10.000 Euro oder mehr.

Empfehlungsmarketing ist mit dem Schachbrett vergleichbar. Angenommen Du würdest hier im ersten Monat einen Cent bekommen und an der Verdoppelung arbeiten. Im zweiten Monat würde sich dieser Cent verdoppeln. Nach 12 Monaten hättest Du ein Einkommen von 40,96 Euro. Klingt das für Dich interessant? Ok, noch nicht wirklich ermutigend.

Wie sieht es aus, wenn Du Dein Ding weiter durchziehst? Nach 18 Monaten wären es immerhin schon 2.621,44 Euro, die Du monatlich bekommen würdest. Den Rest kannst Du sicher selbst ausrechnen.

Wichtig ist es, dran zu bleiben und so lange an der Verdoppelung zu arbeiten, bis Du an Deinen Zielen angekommen bist. Ob Du dieses Tempo einlegst, ist Deine Entscheidung.

Vielleicht gehst Du es gemütlicher an und verdoppelst diesen Cent nur einmal im Jahr. Rechne Dir aus, was nach 24 Jahren entsteht.

Du bist dann Mitte 40 und blickst zurück, hast nie aufgegeben und bist immer dran geblieben. Der Vorteil – Du hast Schule, Ausbildung, Studium ganz normal durchlaufen und Dir vielleicht 10 Stunden wöchentlich Zeit genommen, um Dein Netzwerk aufzubauen. Eine Zeit, in der andere vielleicht kellnern, Hamburger basteln oder in der Stadt abhängen.

Werde zum Schachmeister! Die 64 Spielfelder symbolisieren Deine Mitspieler. Das erste Feld ist Dein erster Player. Zeige ihm die Spielregeln. Lehre ihn ein Reiskorn ins Spiel zu bringen und wie man das Spiel erklärt. Sobald er es kann, bediene das zweite Feld, bring den nächsten Spieler ins Rennen.

Spiele so lange, bis Du jedes der 64 Felder mit einem Mitspieler besetzt hast.

play your life!

Mehrwert durch Nährwert

Stell Dir vor: Du gehst früh zur Uni/Schule/Arbeit, bist fit und konzentriert. Du hast Zeit Sport zu machen, hast einen trainierten Körper und tolle Haut. Es geht Dir gut und Du fühlst Dich super. Du hast Energie und Power für alle Partys. Du gönnst Dir Dinge, die Du magst und hilfst den Freunden, die es mögen, das gleiche zu erreichen.

"Mens sana in
corpore sano.
Gesunder Geist in
gesundem Körper."

- Juvenal -

ein schneller Flirt oder eine lang haltende Beziehung?

Du siehst in der Disko ein hübsches Girl, machst ein paar flotte Sprüche und gibst ihr ´nen Drink aus. Auf der Tanzfläche zeigst Du Deine besten Moves.

Soll´s der schnelle Spaß sein, endet es vielleicht nur mit einem Flirt.

Findest Du aber Gefallen an der Person, wirst Du sicherlich weiterhin bemüht sein, mehr über sie zu erfahren.

Ähnlich funktioniert unser Geschäft. Es ist wie in der Liebe. Je mehr man investiert, desto länger hält die Beziehung und umso stabiler wird Dein cashflow.

last but not least

Dies sollte nur einen kleinen Einblick in diese wunderbare Branche darstellen.
Detaillierte Ausführungen würden den Rahmen sprengen. Es gibt allerdings eine ganze Reihe fundierter, nationaler und internationaler Fachliteratur.
Ob Du mehr auf die Erkenntnisse erfolgreicher Networker mit langjähriger Erfahrung oder Analysen von Universitäts- und Hochschulprofessoren z.B. Prof. Dr. Michael Zacharias zurückgreifen willst, bleibt Dir überlassen.

„Ungestellte Fragen bleiben unbeantwortete Fragen!"

Wenn wir Dich neugierig gemacht haben, dann wende Dich an die Person, die Dir dieses Buch gegeben hat. Du kannst nichts verlieren!

Try it!
you can only win, we would help you!

let ' s rock your life

„Eure Zeit ist begrenzt. Vergeudet sie nicht damit, das Leben eines anderen zu leben. Lasst euch nicht von Dogmen einengen – dem Resultat des Denkens anderer. Lasst den Lärm der Stimmen anderer nicht eure innere Stimme ersticken. Das Wichtigste: Folgt eurem Herzen und eurer Intuition, sie wissen bereits, was ihr wirklich werden wollt."

- Steve Jobs -

Hier einige großartige Menschen, die unser Leben bereichert und uns inspiriert haben:
Gabi Steiner, Lissy Schütt-Nothdurft und
Todd Burrier (Networker),
Dirk Jakob (Autor, Trainer und Coach).

Ebenso danken wir den Leuten, die uns zu diesem Projekt verholfen haben:
Philipp Eckardt, Gisele Bregasi,
Lena Kastner, Franziska Scholler,
Patricia Wiegand und Lukas Pöllath.

DANKE